KB001363

SUGARBERG
BEAST YEAST
BOTTOMLESS HOLE
DRAGONGRAVEYARD
WISH TREE
MILKYWAY LAKE
CRISPIA
JELLYFISH
OCEAN
DRAGON'S VALLEY
CITY OF WIZARDS
DESSERTPARADISE

쿠키런
킹덤
3 용의 언덕
하편
글 김강현 그림 김기수

글 김강현

종합학습만화지 〈보물섬〉에 수리과학 만화 〈홈즈VS루팡 수학대전〉과 예체능 만화 〈파이팅 야구왕〉을 연재했습니다. 저서로는 〈라바 에코툰〉, 〈코믹 드래곤 플라이트〉, 〈쿠키런 서바이벌 대작전〉, 〈신비아파트 한자 귀신〉, 〈잠뜰TV 픽셀리 초능력 히어로즈〉 등이 있습니다. 어린이들이 만화를 통해 상상력과 창의력을 키울 수 있도록 끊임없이 연구하며 글을 쓰고 있답니다.

그림 김기수

학습만화 단행본 〈코믹 귀혼〉, 〈카트라이더 수학 배틀〉, 〈테일즈런너 바다 생물 편〉, 〈코믹 서유기전〉, 〈마법천자문 영문법원정대〉, 〈메이플 매쓰〉, 〈쿠키런 서바이벌 대작전〉, 〈신비아파트 한자 귀신〉 등 어린이 학습만화를 그리고 있습니다. 어린이들이 즐겁고 재미있게 공부하고 꿈을 키울 수 있도록 멋진 그림을 그리고 있답니다.

쿠키런
킹덤

캐릭터 소개

용감한 쿠키

기억을 잃고 달고나 마을에서 깨어난 쿠키.
생각의 별사탕을 찾기 위해
용의 언덕에서 모험을 하고 있다.

호밀맛 쿠키

강력한 호밀 쌍권총을 휘두르며
나쁜 짓을 일삼는 쿠키나 몬스터에게
정의의 호밀 총알을 쏘아 댄다.
용감한 쿠키와 용의 길에서 만나 동료가 된다.

커스터드 3세맛 쿠키

백성과 함께하는 위대한 왕이 되고 싶어하는 쿠키.
나중에 왕국을 만들어 용감한 쿠키와
호밀맛 쿠키를 장관에 임명시키고 싶어 한다.

뱀파이어맛 쿠키

항상 의욕없는 행동과 말로 용감한 쿠키 일행의
기운을 빠지게 하지만 중요한 순간에 제 역할을 한다.
연금술사인 동생을 무서워한다.

뾰족 송곳니맛 쿠키

송곳니쿠키족의 일원.
강력한 쿠키와의 전투에서 패배하여
상처를 입고, 버려진 성에서 몸을 회복하고 있다.

감초맛 쿠키와 초코크림 늑대 망치맨

'위대한 분'을 부활시킬 열쇠로 용감한 쿠키를
이용하기 위해 그의 뒤를 바짝 쫓고 있다.

당근맛 쿠키

숲에서 당근밭을 가꾸며 뿔꿈틀이들과 살고 있는 쿠키.
친구인 샤방샤방 공주맛 쿠키를 걱정하고 있다.

샤방샤방 공주맛 쿠키

번지르르 왕자맛 쿠키와 곧 결혼을 해야하는
공주. 친구인 당근맛 쿠키와 뿔꿈틀이들과
숲속에서 농사를 지으며 사는 것이 꿈이다.

용꿈틀이

샤방샤방 공주맛 쿠키를 잘 따르던 작은 뿔꿈틀이.
모종의 이유로 용꿈틀이가 되었다.

차례

1화 작은 거인의 석상

콰
콰
콰
콰
뿌우우
콰콰콰
드드드
콰앙

펄럭
펄럭
우오오!
펄럭
펄럭
엄청난 힘이
느껴진다!
이건
말도 안 돼~!
병을 잘못
골랐나 봐!
내 성이 박살 나다니!
왕국에 대한 내 꿈이
또 멀어졌잖아!
어차피
네 성도
아니었어!
엉
엉
지금
그게 문제야?
저길 봐!
드래곤이라고!

밤파이어맛 쿠키!
도대체 무슨 조합으로
약을 만들었길래
드래곤이 되는 거야!
그게~, 저건
내가 만든
물약이
아니야.

내가 저런 걸
어떻게
만들겠어?
뭐?!
그럼 누가
만들었는데!

내 동생….
잔소리가
엄청 심하지~.
동생?

우워어
저 물약이
각각 어떤 동물로 변하게
하는 약인지는 나도 몰라~.
동생이 자고 있는 사이에
몰래 실험실에서
가지고 나왔거든.
왜 그런 짓을
한 거야!

나보고 너무 게으르다고 하도 잔소리를 하잖아. 나가서 일 좀 하라고 괴롭히길래 열받아서 골탕 좀 먹인 거지~.
지금쯤 엄청 찾고 있을걸~.
웃음이 나와?!

크하하하! 내가 드래곤이 되다니!
헉!
펄럭
이제 쿠키 세상 정복은 식은 젤리스튜 먹기야!
펄럭

하찮은 쿠키들아! 당장 나에게 어떤 마법을 부린 건지 말해라!
!

저 녀석을 막아야 해!
물약들 중에
저 변신을 풀 수 있는
약도 있겠지?
아….
있긴 있을 텐데
뭔지 몰라.
찾아
볼게!
뒤적
뒤적

그냥 아무거나 던져!
뭐든 드래곤보다는
낫겠지.
?!

오호! 그 가방 안에
마법의 물약이
있나 보구나!
전부 내놓아라!
콰아아
다들
일단 피해!
으아악!

하앗! 받아라!
팝콘으로 드래곤을 상대하겠다고?
탕
탕
이건 팝콘 탄환이 아니야!
당기만 하면 멀리 퍼지는!
탕
탕
먼지 탄환이라고!
팡
팡
으억! 이게 뭐냐!
치이이
치이이
내 방을 청소하면서 나온 먼지를 차곡차곡 모아 만든 수제 탄환이지!

에취
지금이야! 일단 여기를 빠져나가자고!
에취
키아아
달려!
다다다

한편, 숲속 오솔길에서는….
기름이 결국 떨어졌군.
이럴 줄 알았으면 오다가 지나친 마을에서 기름을 넣을 걸 그랬나.
푸르르

그나저나
그 마을 쿠키들이
다들 집안에 들어가
문을 꽉 닫고
있던데 말이야.
역시 나의 무서움이
여기까지
알려진 건가?
으하하하!
역시 초코크림
늑대 망치맨은
여전히
공포스러운
이름이라니까!
끼히히

게다가 더 강력해진
이 망치만 있으면
아무것도
무서울 게 없어.
용감한 쿠키가
거대해 지지만
않으면
말이야~.

부스럭
엄마야!

무, 무슨
소리지?
설마….
용감한 쿠키?
덜덜

스윽

쿵
끄응….

야! 배변봉투에 넣어서 치우고 가! 넌 공중도덕도 모르냐!
숲이라고 아무 데서나 싸면 안 돼!
부스럭..
이번엔 누구야?
쾌변하는 숲이라고 소문이라도 났나?
통
통
부웅

콰아
꽈욱

끄어억!
풀쩍
콰당
어?! 초코크림
늑대 망치맨?
요, 용감한
쿠키…!
네가 어떻게
여기에…!

벌떡
원수는 설탕과자 나무에서 만난다더니…. 정말 만나게 됐군.
키히히.
!
우아아아!
다들 달려!
다다다다
다다다다
지금 날 보고 도망가는 건가? 내가 무서운 거지?

크하하하! 그렇다면 이제 거인이 되는 능력은 사라진 거군!
거기 서 봐! 내 망치 맛 좀 보고 가란 말이다!

워어어어
!

으아악!
찰스 살려!
어?
끼이익

이거 놔라!
으흑…, 거인보다
더 무서운 게
나타났어~!
내 인생
왜 이러냐!

너희들의 동료냐?
물약을 내놓지 않으면
이 녀석을 한입에
삼켜 버리겠다!
꼭꼭 씹어
소화시킬 테다!
히익!
앙
용감한 쿠키,
네 동료야?
아, 아니.
동료는
아닌데….

요, 용감한
쿠키이….
바둥
바둥
우리 나름
많은 추억이
있었잖아….

추억….
그게 어떻게
추억이야?

악당이긴 하지만
저대로 죽게
놔둘 수는 없어.
그러면 물약을
다 넘겨 주자고?

아니! 일단 물약을
넘기는 척 하나만
던져 보자!
그러다 그게
해독제면?
내 백성들에게
써야 한단 말이야!
평생 쥐로 살게
둘 순 없잖아.
슥

그건 걱정 마~.
해독제가
없어도
다른 방법이
있으니까.
진짜
쓰기 싫은
방법이지만.

알았어!
뱀파이어맛 쿠키만
믿고 던진다!
콰아아
휘익
이봐!
드래곤!
받아라!
뭐야?
던지지 말고
순순히
넘기라고!
파악
으악!
예의 없이 얼굴에
던지다니!
워어어
파스스스
으아악!
팡

응?
이건 뭐야?
촤아

하필
해독제
였나 봐!
본래 모습으로
돌아왔어!

본래
모습?
이게 방금
그 드래곤의
정체라고?

그렇다면!
이런 녀석 따위는
내가 단번에
날려 주지!

덥석
꽉
악!
아오! 아프잖아!
왜 물어!
너….

엉덩이로
이름 써라.
?
뭐라고?

내가 미쳤냐? 엉덩이로 이름을 쓰게?
뭐야?
씰룩
씰룩
씰룩
내 엉덩이가 왜 이름을 쓰고 있지?
크흐흐~. 나에게 물린 자는 내 말에 복종하는 노예가 된다!
뭐, 뭐라고? 감히 이 찰스 님을 노예로 쓰려 하다니!
내 망치로 없애 버릴 테다!

흥! 엉덩이로 이름이나 백 번 쓰고 있어!
야! 내 이름 길어서 쓰기 힘들다고!
으아~! 엉덩이가 또 자기 맘대로 움직이잖아!
씰룩
씰룩
씰룩
씰룩

저 능력은
대체 뭐야?!
다음은
누굴 노예로
만들어 줄까!
콰아아
으아아악!
다들 달려!

탕탕탕
윽!
또 먼지
공격이냐!
윽!
다다다
팍

아우, 아파~!
이건 뭐지?
아이고..
얘들아!
이거 봐!

거대한 뼈가
삐죽삐죽
솟아 있어!

엄청나게
거대한 동물의
뼈였나 봐.
우와~.
살아 있었을 땐
대단했겠는데?

이러고 있을
때가 아니야!
뾰족 송곳니맛
쿠키가
오고 있다고!
탓
저쪽으로
가자!

앗!
왜 그래,
호밀맛
쿠키!

커다란 돌이
앞을 막고 있어!
길을 잘못
들었나 봐!

쫓아오는
소리가 들려!
뒤로 다시
돌아갈 수는 없어!
그럼
어쩌지?
그럼…!
이 돌 위로
올라가자!
뭐?
잘 보면
여기저기
틈새가 있어서
올라갈 수 있어.

내가 위로
데려다주고
싶지만 난 힘이
없어서~.
내 몸 하나
가누기도
버거워~.
응. 기대도
안 했어.
비실 비실

자!
올라가자!
팍
내가
잡은 곳을
그대로 잡고
올라와!

읏차

구
궁
뭐야? 올라왔더니 돌 위에 알 수 없는 바위가 또 있네?
가만 보자~. 우리가 올라온 곳은 어떤 석상의 제단인 것 같군.
석상이라고? 알아볼 수 없을 정도로 큰데?
이끼도 많이 끼고 너무 커서 아래에서 보면 무슨 모양인지 전혀 모르겠지만 말이야.

와! 이 석상도 올라갈 수 있겠어!
착
넌…, 참 암벽등반을 좋아하는 것 같네.

작은 거인의 장벽도 올라갔는데 이 정도는 아무것도 아니지~.

좋아. 뾰족 송곳니맛 쿠키가 숲속을 뒤지고 있으니 이 석상에 올라가 있으면 못 찾을 수도 있겠어.
정말 올라가자고?
그렇게 어렵지 않아! 나무줄기를 잡고 올라가면 돼!

그리하여 석상을 오르는 용감한 쿠키와 동료들….

영차!
헉
헉
헉
더 이상은 못 올라가겠어!
여기도 굉장히 높아.
와~! 용의 숲 전체가 다 보여!
설마…, 저기 저 멀리 보이는 곳이 용의 언덕인가?

그나저나
여기 계속
있을 수도
없고….
저 무시무시한
뾰족 송곳니맛 쿠키를
어떻게 물리치지?

2화 석상에 새겨진 진실

혹시
뾰족 송곳니맛 쿠키의
약점을 알고 있는
쿠키 있어?
흐음….
예전에 뭔가
들은 것 같은데
기억이 잘
안 나네.

그런 쿠키가
세상에 어…!
약점 따윈
없다!

나는 완벽한
존재니까!
펄럭
펄럭
깜짝이야!
언제 여기까지
올라온 거야!

어디에 있든 네 녀석들에게서 풍기는 쿠키 냄새는 숨길 수 없지! 이제 순순히 마법 물약을 내놓고 내 노예가 돼라!

안 돼! 이건 내 동생 거야! 이미 몇 개 쓴 것만으로도 엄청 화가 났을 거라고!
네 동생이 화가 나든 말든 내가 무슨 상관이야! 그리고 동생 얘기하지 마!

난 내 동생 때문에 일족에게서 쫓겨났다. 얼굴로 보나 능력으로 보나 내가 훨씬 더 낫건만 일족은 내가 아닌 내 동생을 왕으로 추대하고 날 내쳤단 말이다!
그래서 난 힘을 얻은 후 돌아가 내 일족과 동생에게 복수할 것이다!

하이고~, 얼마나
못되게 굴었으면
가족들도 내쳤을까?
어떻게 행동했는지
알 만하다~.
뭐라고?
이것이 감히!
헉

지금…,
시간이 별로
없긴 하지만….
!

너희들을 혼내 줄
시간은 충분하지!
우선 건방진
너부터다!
우와아악!
콰아

그래…!
역시
그거였군!
용감한 쿠키!
어떻게든 5분 정도만
저 녀석을 막으면
방법이 있을 거야!
정말?

으아아앙!
살려줘!
바둥
바둥
앗!
커스터드
3세맛 쿠키!

뱀파이어맛 쿠키!
너는 날 수 있잖아!
커스터드 3세맛
쿠키 좀 도와줘!
나도 그러고
싶지만~.
휘유우
이 날파리는
뭐야?
저리 가!
팡
이렇게
된다고~!

5분이면
된다고 했지?
응.
그 정도면 돼!
알았어!
용감한 쿠키!
어떻게
할 거야?
타얏
크아아아
한입에
먹어 주마!
쩌억
히이익!
흐아아앗!

콰콱
무슨 짓이냐!
요, 용감한 쿠키?!
타앗
쿠야야아
끄으응. 너무 무거워~!
끄어어~!
나 떨어진다!
뱀파이어맛 쿠키!

내가 가진 힘을
다 털어 썼어!
더 이상은
아무것도 못 해~.
철퍼덕
고마워,
뱀파이어맛
쿠키~.
잘했어!
장하다!
이,
이것들이…!
윽!
촤악
네 녀석부터
물어서
노예로
만들어 주마!
크아악

물컹
응?

웨엑!
퉤! 퉤!
이, 이게 뭐야?!
곰젤리들이
만든
특제 젤리다!
착

으아아악!
난 쿠키들의
시럽이 아니면
아무것도
못 먹는다고!
파아!
으….
이 착한 맛…!
송곳니가
녹을 것 같아!
잘 됐네!
이제 쿠키들
그만 물어!

으어어어!
아, 안 돼!
시간이…!
화르르
?!
시간이
부족해!

역시 그랬어!
송곳니쿠키족이 북쪽을
떠나지 못하는 이유는
그곳은 낮이 짧고
밤이 긴 곳이기
때문이야!
그들은 낮에는 절대
돌아다니지 않지!
저 일족의 최대
약점이 바로…!
햇빛
이니까!
파스스
파아
어엇?!
촤아

용감한
쿠키!
이걸 잡아!
푸슝
밧줄 총!
촤라락

휘릭
탁

우왓!
파아
파바바바
안 돼!
나 정말 힘없는데~.
그래도 잡아! 안 그러면 용감한 쿠키가 부서진다고!
촤아
끌려간다!
얘들아! 난 괜찮으니까 줄을 놔!
무슨 소리야! 우린 절대 너를 포기하지 않을 거야!

그게 아니고~,
땅에 닿았어!

탁
이제 됐다!
어휴….
와, 다행이다.

믿기지가 않아!
우리가 그 무서운
송곳니쿠키족을
물리치다니!
모두가 힘을 합쳐
노력한 덕분이야!
우리 진짜
굉장했어!

그런데 넌 왜
계속 누워 있어?
말도 마~.
평생 움직인 것보다
더 많이 움직인 것
같아….
에이그, 너도
고생이다.

어?
잠깐만….

여기 돌 위에 글자가 새겨져 있어!
이건 고대 문자야! 난 어릴 때부터 고대 문화를 공부해서 이 정도 읽는 건 쉽다고~.
허어…, 네가~?
뭐? 저게 무늬가 아니라 글자라고?
나 무시하는 거야? 이래 봬도 유서 깊은 왕가의 후손이라니까!
그래~.
호밀맛 쿠키! 그 눈빛은 뭐야!
어디 보자~. 뭐라고 쓰여 있냐면…, 아! 이건 이 거대한 석상에 관한 거야!
"어둠의 공포에서 세상을 구한 위대한 용사에게…."

"네 왕국의 왕들이
존경을 담아
이 석상을 바친다."

와~,
아주아주 옛날에
이 석상의 주인공이
세상을 구했나 봐!
흐음…,
그러니 이런
거대한 석상을
세웠겠지.

지금은 잊힌
영웅이지만 고맙네.
이 석상 덕분에
뾰족 송곳니맛
쿠키를 물리칠 수
있었던 거잖아.
맞아!

드르렁
드렁
음냐 음냐
참!
뱀파이어맛 쿠키!
자는 거야?
일어나 봐~!

내 백성들을
다시 쿠키로 되돌릴 수
있다고 했잖아!
어떻게 해야
하는 거야?
맞아!
그랬지!
그, 그게
말이지~.
흔들 흔들

사실 난 낮에는
자야 하거든?
무슨 소리야?
너 밤에도
자는 거 내가
다 봤는데!
아까 한 말
다 거짓말
이었어?

아니야….
방법이…,
있어. 분명
있는데….
스윽
삐질
삐질

전화기….
전화기가
있는 곳으로
가야 해~.
?
갑자기?
뜬금없이
웬 전화기?

뭣이라고?
이 쥐 세 마리가
우리 마을에서 납치된
쿠키들이라고?
찍
찍 찍
믿기 힘드시겠지만
사실이에요.

저는 그냥…,
성에 데려가서
청소를 시키고 나중에
아르바이트 비용도
충분히 지급하려고
했거든요~. 근데
여러 가지 일들이
있어서….
자세한 설명은
나중에 듣는
걸로 하고…,
마을에 전화기가
있나요?
??

마, 마을 회관에
전화기가 딱 한 대
있긴 한데….
와!
잘 됐네요!

이제 뭐든 해 봐,
뱀파이어맛
쿠키.
으음….
왜 자꾸
뜸 들이는 건데?

아, 알았어.
하면 되잖아~.
촤르륵
촤르륵

따르르릉
따르르…
딸깍
네!
여보세요!

저기…, 나야~. 네 잘생긴 오빠.
동생인가 봐.

우와! 목소리 엄청 커!
굉장히 심한 욕설 같은데?
화 많이 났나 봐!
미안하다, 동생아. 그게 말이지. 이러저러한 일이 있었거든?

꽥꽥
고래고래

그래, 내 잘못이야! 하지만 쥐로 변한 쿠키들을 그냥 놔둘 순 없잖아~.
알았어, 알았어.

응. 새벽나팔꽃에 맺힌 이슬….
수탉의 왼쪽 두 번째 발가락 발톱 조금.

고양이 수염 두 가닥. 개구리의 침.
생쥐로 변한 쿠키들의 꼬리털 약간. 그리고….
?
?

밤파이어맛 쿠키의
동생이 알려준
재료들을 이용해 만든
해독제를
쥐들에게 뿌리자….

퍼엉
와아
우와아! 다시
쿠키가 됐다!

이야! 정말
잘 됐어!
커스터드
3세맛 쿠키!
정말 고마워!
넙죽
네가 우리를
포기하지 않은
덕분이야!

나중에 진짜로
왕국을 만들면 우리가
너의 백성이 될게!
훅훅훅
와? 정말!
신난다~!

커스터드 3세맛 쿠키는
분명 백성을 한 명,
한 명 아끼고 돌보는
훌륭한 왕이 될 것 같아!
처음 마을을
방문했을 때와는 다르게
용감한 쿠키 일행은
큰 환대를 받으며
다시 길을 떠나게
되었습니다.
우리 마을 쿠키들을
잡아가던 숲속의
나쁜 쿠키도 물리쳐
주다니…. 이렇게
고마울 수가 있나!
이제 우리들도
마음 편하게
살 수 있겠어!
정말 고마워!

자네!
용의 언덕으로
간다고 했지?
네!
그렇담….

선물로
받아 주게!
앗!
저건…!

용의 언덕까지
편하고 빠르게
갈 수 있는
경운기라네!
아….

덜컹덜컹
덜컹덜컹
덜컹덜컹
그래도
걷는 것보단
훨씬 빠르다.
덜컹덜컹

그런데…,
너희들은 왜
우리랑 같이 가고
있는 거야?
에이~,
왜 이래!
우린 벌써
동료잖아!
덜컹덜컹
엥?

왕국을 만들면
호밀맛 쿠키는
국방부 장관,
용감한 쿠키는 내무부
장관 시켜 줄게.
그때까지
함께하자!
됐어~.
사양한다.

커스터드
3세맛 쿠키는
그렇다 치고,
뱀파이어맛 쿠키는
왜 여기 있어?
동생한테
가야 하는 거
아니야?

안 돼~!
나 동생한테
잡히면 끝나!
동생이 굉장히
무서운가 봐?

응. 세상에서 제일 무서워.
덩치도 엄청 크고, 힘도 세!
얼마나 무시무시하게 생겼는데~.
목소리는 또 왜 이리 큰지….

뭐,
할 수 없지.
나중엔
어떻게 될지 모르지만
일단 지금은
같이 다니자고~.

털털털
휘이이이
와아!
어젯밤에
봤던 뼈보다
훨씬 커!
거의 다
온 것 같다.
이제 곧
용의 언덕이
보일 거야!

용의 언덕…!
생각의 나무가
있는 곳.
두근
두근
이제 드디어 나의
잃어버린 기억을
되찾을 수 있는 걸까?

얘들아! 저기 봐!
다 온 것 같아!
정말?

이, 이곳이
용의 언덕?!
마, 말도
안 돼!

3화 진실이 사라지는 언덕

아이고오~.
끄으윽….
엉덩이가 쑤셔서
움직일 수가
없어.
어째 넌
날이 갈수록
한심해지냐,
찰스?
헉!

감초맛
쿠키 님!
뱃냥이한테
다 들었다.
엉덩이로 이름만
실컷 썼다고.
내가 분명히 조용히
지켜만 보라고 했는데
말 안 듣고 나서더니
결국 이 꼴이냐?

하지만
너무 무서웠어요!
이빨이 엄청
뾰족한 쿠키가
절 물었다고요.
뱃냥이가
다 보고했다니까!
그건 북쪽에 사는
송곳니쿠키족이야.
그런데 그 잔인한 쿠키를
용감한 쿠키가
해치웠다지?
역시…,
그 녀석은
평범한 쿠키가
아니야.
아무 능력도
없게 생겼지만
말이야.
그리고 둔한 녀석들은
느끼지 못하겠지만
어둠의 힘이
점점 강해지고 있어.
크흐흐흐
잠들어 있던
거대한 암흑의 군단이
깨어날 준비를
하고 있는 거라고!
파아아
쿠오오

혹시 파스
같은 거 없으세요?
엉덩이에 붙여야
할 것 같아요.
비틀

한심한
녀석.
뱃냥이.
붙여 줘라.
휙

좋아. 용감한 쿠키를
데려오는 것은 보류야.
일단은 그 녀석이
어떤 힘을 가지고 있는지
관찰해야겠어.
그리고
자연스럽게 유인해서
그분이 잠들어 있는
어둠의 던전으로
데려가는 거지.

그러기 위해선!
용감한 쿠키가 마음을
열 수 있는 착하고 순수해
보이는 첩자를 보내
동료로 삼게 해야 돼.
어이!
이리 나와라!
슥
예….

서, 설마….
이 녀석은?!

그때,
경운기를 탄
용감한 쿠키와
동료들은….
여, 여기가
용의 언덕이라고?
여긴…!

꼭 마을 장터
같이 생겼는데?
저기 봐.
간이 화장실도
있어.
웅성
웅성
와자지껄

이곳이
용의 언덕으로
가기 전 마지막
휴게소….
아웅~, 졸려.
그건 어떻게
알았어?

용의 언덕 전
마지막 휴게소
기념품 가게
…라고
저기에
쓰여 있어.
효자 손도
파네.

근데
이곳은 대체 뭘까?
여기에 정말
생각의 나무가
있을까?
신기한 나무들이
많다고 소문으로
듣기만 했지
확실하진 않아.

저리 비켜!
턱
아!
죄송합니다!
뭐야!
자기가 먼저
부딪혀 놓고!

그런데
여기 모인
쿠키들….
다들 엄청
강해 보여.
덩치가 크다고
다 강한 건
아니야.
일단 뭐든
물어보자.
저기요. 혹시
생각의 별사탕이
어디 있는지
아세요?
뭐?
아~.
그거라면 저기서
팔고 있지.
네?!
정말요?
생강 사탕,
마늘 사탕
팔아요~.
생강 사탕
마늘 사탕
쿵
생강 사탕이
아니고요.
생각의 별사탕이
열리는 나무가
용의 언덕에 있다고
들었는데요.
아!
그거!

그건 용의 언덕을 지나 용의 심장이란 곳에 있다고 들었는데?
용의 심장이요?
용의 심장…! 그런데 여긴 뭐 하는 곳인가요? 쿠키들은 왜 이렇게 많이 모여 있는 거죠?
여기에 오늘 많은 용사들이 모인다는 소릴 듣고 구경꾼들과 장사꾼들이 모여든 거야.
용사들이요? 용사들은 왜….
뭐야? 너희들…, 아무것도 모르고 온 거야?

뿌우우!!!
모두 주목해 주십시오!

용사분들! 이렇게 많이 와 주셔서 감사합니다!
성주님의 말씀을 다시 한번 알려드립니다.
응? 성주? 성의 주인…?
무슨 일이지?

일주일 전, 거대한 드래곤이 바게트 백작맛 쿠키 님의 바게트 성을 습격했습니다.

거대한 드래곤은
따님이신
샤방샤방 공주맛
쿠키 님을 납치해서,
용의 언덕을 넘어
용의 심장으로
날아갔습니다.
사악한 드래곤을 물리치고
샤방샤방 공주맛 쿠키 님을
구해오는 분에겐
엄청난 상금과
바게트 성에 대대로 내려오는
보물을 하사한다고 하셨으니
여러분의 건투를 빌겠습니다!
웅성
웅성
그 정도야
쉽지!
웅성
우릴
믿으라고!

이건 또
무슨 소리야?
갑자기 드래곤에
공주…?
그래서
강해 보이는
쿠키들이
잔뜩 있었구나!

가자!
용감한 쿠키!
너 이번에는
또 왜
신났는데!

성의
공주님이라니~.
왕국의
주인이 될 나와
너무 잘 어울리는
상대잖아!
공주를
구하는 것은
용사의 사명!
당장 출발하자!
우린 용사가
아니야.
우리가 안 가도
공주를 구할
쿠키는 엄청
많은데?

공주님은 다른 용사가
구할 테지만, 나는
생각의 별사탕 때문이라도
용의 심장에 가야 해.
그렇지.

그럼 나도 간다!
네가 기억을 찾는 걸
보고 싶거든.

그럼 우리 셋은
용의 심장으로
가는 게 확정이고…,
뱀파이어맛 쿠키와는
여기서
헤어지는 건가?
어디
있지?
공주님! 제가
갑니다~!
아!

쿨
저기
나무 위에서
자고 있어.
시도 때도 없이
자는군.

나 안 잔다.
다 듣고 있었으니
너희들끼리만
가려는 생각은
하지 말라고~.
그, 그래.

모두들 떠나고 있어!
용의 심장으로 간다!
와 와 와
우리도
따라가자!
두두두

그리하여
많은 용사들과 함께
길을 떠나는
용감한 쿠키 일행.

아이고, 힘들어~. 나 좀 업어 주면 안 돼?
뭐?! 넌 날 수 있잖아! 날아가면 되는 걸 왜 걸어 다녀?
비실 비실

으…. 낮에는 변신도 잘 안되고 나는 것도 굉장히 힘들다고. 힘이 없어~.
어허! 공주를 구할 용사가 자꾸 이럴 거야?!

뱀파이어맛 쿠키!
넌 원래부터
날 거나 변신할 수
있었어?
아니야. 난
그냥 평범하고
게으른
쿠키였어.
비실
비실

그러니까…,
그날도 역시
게으름을 피우며
빈둥거리고
있던 날이었어.

무시무시한
내 동생이
그 모습을 보고
잔소리를 시작했지.
그렇게 하루 종일
뒹굴뒹굴하지 말고
내 심부름이라도
해 줘!
시간도 많으니
내 재료 사러
갔다 오면
되겠네!
지금…?

나는 다른 재료
구하러 가야 하니까
나 오기 전에 꼭 사다 놔!
아, 진짜~.
아무것도 안 하고 싶은데
왜 그래~.

할 수 없이
심부름을 하러 나가다가,
동생의 실험실에
새로 만든 물약이
눈에 띄었어.
오, 색깔 예쁘다~.
이건 또
무슨 물약이지?
아, 참!
참고로 내 동생은
연금술사야.

연금술사?
그게 뭐야?
이미 존재하고 있는
것들을 조합해서
새로운 것을 만들어 내는
일을 하는 쿠키를 말해.

설명서에 따르면,
그 물약은
날 수 있게 해 주는
약이었어.
우와~.
날 수 있게 되면
심부름할 때
편하겠다.
동생이
잔소리하면 날아서
도망갈 수도
있고….

그런데
그냥 먹으면
쓸 것 같아서
마침 옆에 있던
포도 주스를 섞어서
마셨거든.
바로
이 맛이야!
꿀꿀
꿀

끄륵!

펴엉
펄럭
펄럭

그 포도 주스는
귀여운 과일 박쥐가
먹다 남긴 포도로
만든 거였거든.
두 개를 섞어
먹은 부작용으로
과일 박쥐로
변신하는 능력도
얻은 거지.
너도 참
대단하다….

내 맘대로 섞어 먹어서
동생이 원래대로
되돌릴 수도 없다더군!
이 일로 잔소리를
얼마나 들었는지~.
들을 만하네.

그런데
내 동생이
이런 말도 했어.
두 성분이
기묘한 효과를
만들어 내서
오빠에게
놀라운 능력이
생겼네….
정말?
그게 뭔데?

무슨 능력인지는
끝까지 말을
안 해주더라고.
뭐, 대단한
능력이겠어?
그냥 오빠가
너무 불쌍해서
좋게 얘기해 준 거
아닐까?
착한 동생이네.

어이! 뒤에 오는 쿠키들! 조심해!
왜요?
몬스터라도 나타났나요?

여기서부터 진짜 용의 언덕이 시작되거든.
예전엔 이곳도 관광지로 유명했는데 언젠가부터 몬스터가 나타나고 이상한 일들이 많이 생겨서 쿠키들이 발길을 끊은 지 오래되었지.

드래곤을 무찌르고 공주님을 구하러 가는 길인데 드래곤의 뼈를 밟고 가다니 재밌구먼!
껄 껄껄
긴장이 하나도 안 되나봐!
깜짝
얘들아, 저기 봐!

요, 용의 머리
뼈가 있어!
그
휙
!

궁
물에 잠겨 있는데도
엄청 거대하다~!

세상에….
내부도 엄청 넓어.
입이 꼭 동굴의
입구 같아.
와아

고대엔
드래곤 말고도
거대한 동물들이
많았나 봐. 숲 전체가
고대 동물들의 뼈로
가득해.
그중에서도
이 머리뼈의
크기가
압도적으로 커!

용의 심장은
진짜로
용의 심장이
있는 곳을
말하나 봐.
용의 머리를 지나
계속 걸으면
심장이 있는 곳으로
가게 되는 걸까?

휙
휙

!!!
스윽

용감한 쿠키,
왜 그래?
아니, 누군가가
우리를 보고 있는
것 같아서.

몬스터가
있나?
다들
조심해!
척

휴~!
이제 다시 땅이야.
용의 머리뼈 덕분에
꽤 큰 호수를
쉽게 건넜네.

많이 걸었는데
아직도
용의 심장은
멀었나?
앞의
용사 분께
물어봐야겠어.

저…,
용사님!

응?
이상하다?

앞에 가던
용사분이
없어진 것
같아.
에이~,
네가 잘못
본 거겠지.
그, 그런가?

잠시 후….
이게 대체
무슨
상황이야?!

그 많던 쿠키들은 다 어디 가고 이것밖에 안 남았어?
!
너희들! 뒤에서 따라오면서 무슨 일이 벌어진 건지 못 봤어?
모르겠어요. 그냥 눈을 한 번씩 깜박일 때마다 한두 분씩 사라졌어요!
으…, 드래곤과 싸우기만 하면 될 줄 알았는데…. 이 숲에 다른 몬스터도 나온다는 게 헛소문은 아니었구나.
그것뿐만이 아니야! 요즘 도시 쪽에도 이상한 일들이 많이 일어난다고 들었어.

세상이 점점
어지러워지고
있어….
이 쿠키들로
드래곤과 싸워
이길 수 있을까?
당연하지!

난 혼자서도
드래곤을 몇 마리나
퇴치한 유명한
드래곤 슬레이어라고!

나만 믿어!
내가 드래곤과
싸울 동안 자네들은
샤방샤방 공주맛 쿠키
님이나 구해.
믿음직
스러운데!

이게 뭐지?
사과나무가
있었네?

잠시 쉬면서
사과로 목이나
축이고 가자고.
털썩
좋지!
자!
너희들도
먹어라!
휙
휙
휙
고맙습니다~.

와삭
와삭
맛있겠다~.
풀썩
!
우와아악! 사과 먹지 마!
뭐?
난 원래 사과 안 좋아해~.
왜 그래!
사과를 먹은 용사 쿠키들이 전부 쓰러졌어!
이, 이럴 수가!

4화
언덕 위의 썩은 나무

용사님들!
일어나 보세요!
이봐!
정신 차려!

잠깐!
이 쿠키들…?
왜? 뭐가
잘못됐어?

꿀잠 자고
있는데?
그러네?
웃고 있어!
좋은 꿈
꾸나 보다.
쿨쿨
드르릉
고롱
고롱
드르릉
헷헷

생명엔
지장 없이
잠만 자게
하는 건가?
드르릉
드릉
우리는
안 먹어서
다행이다.
그런데
이 용사들은
어떡하지? 여기다
그냥 놔두고
갈 순 없잖아.
이 일을
어쩐다….

다시
돌아가야 하나?
이 쿠키들을
다 데리고는
못 갈 것 같아.
그건
그렇지.
졸려

그러면 일단
깨어날지도 모르니
좀 기다려 볼….
잠깐!
또 왜~.
왜 그래?

맙소사!
쿠키들이 사라졌어!
말도 안 돼!

눈 깜짝할 새에 모두 어디로 간 거지?
무서워! 우리 그냥 돌아가자!

이렇게 돌아갈 수는 없어! 샤방샤방 공주맛 쿠키를 구해야 한다고!
야! 용사들도 다 사라졌는데 우리가 무슨 수로 구해?

커스터드 3세맛 쿠키 말이 맞아. 여기까지 왔는데 용의 심장까지는 가 봐야지!
그러다 우리도 사라지면 어떡해!

흠….

이러면
괜찮겠지?
줄로 묶었으니
아무도 모르게
사라지는 일은
없을 거야.
내 밧줄 총의
밧줄이 이렇게
쓰이다니….

우리 힘내서
계속 가 보자!
내가 앞장설게!
척
죄수가 돼서
끌려가는
느낌인걸~.

어디서
달콤한 냄새가
나고 있어!
어라?

우와~!
이번엔 바나나가
열린 나무야.
주렁
주렁
바나나가 원래
저런 나무에서
열리나?

맛있겠다!
하나만 먹을까?
절대 안 돼!
용사들을 자게 만든
사과처럼 분명 뭔가
이상할 거라고!

툭
엇!
하나가
떨어졌어!

펑
!

그냥 가자….
응….
최대한 멀리
떨어져서 가자.
무, 무서운
바나나네.

용의 심장은
아직인가?
헉 헉 헉
길도 점점
험해지고 있어.
진짜 멀다~.

저게
뭐야?
어엇?
저, 저건!

반짝
반짝
반짝
반짝
저 나무에 달린 보석 좀 봐!
우와아! 저게 다 뭐야?
어, 엄청나다!

세상에…, 보석이
열리는 나무라니.
저기 있는 보석들만
있으면 내 왕국은
금방 세우겠어!

이 보석들이면
우리 마을 쿠키들은
대대손손
먹을 걱정 없이
살 텐데!

이게 내 차지만
된다면 동생에게
잔소리 안 듣고
평생 빈둥거리며
살 수 있겠는데?

?
히야아~.
탐난다!

애들아…?
지금 뭐 해!
빨리 가자!
뭐? 가자고?
어딜?
어디긴!
용의 심장이지.
이걸 두고
그냥 가자는
거야?

설마…,
너 혼자 보석들을
다 가지려는 거야?
뭐?

지금은
우리를 보내고
이따가 몰래 와서
보석을 차지할
셈이지?
갑자기 왜 그래,
애들아!
왜 이렇게
화가 났어!

그리고
보석이라니?
무슨 소리를
하는 거야?
용감한 쿠키!
그렇게 자꾸
모른 척
할 거야?!
저 나무에
주렁주렁 열린
보석들이
안 보이냐고!
깜짝
무슨 소리야!
저 나무는
죽은 나무잖아!
달린 거라고는
다 썩어서 냄새나는
시커먼 열매뿐이라고!
스
스
스
스

뭐?
너야말로
무슨 소리를
하는 거야!
잘 봐! 다이아몬드,
루비, 사파이어!
저 보석들을 어떻게
썩은 열매라고
할 수가 있어!
서, 설마?!

잠깐!

촤악
앗!
으윽…,
왜 그래?

쓱
뭐 하는 거야?
너 혼자 보석을
가지려고?!

척

앙
히익!
그걸
왜 먹어!

우물우물

우웩! 정말
썩었어!
크아악

이거,
썩은 과일 맞아….
맛은 끔찍하고
냄새는 백 년 묵은
수제 치즈 냄새가 나!
퉤퉤
우웩
말도
안 돼!
거, 거짓말
하지 마!

쑤욱
어억!
콰아

으아앗!
뱀파이어맛 쿠키가
땅속으로 끌려
들어가고 있어!
파바바바
안 돼!
빨리 당겨!
크윽!
무슨 힘이
이렇게 세지?
으아!
힘이 너무 세!
나도 들어가겠어!

쓰윽
커스터드
3세맛 쿠키!

으악! 이제
내 차례인가?
호밀맛 쿠키!

쑤욱
콰악
으윽!
나도
끌려가는
건가…!
안 돼!

삐이이익
…휘파람
소리?

멈췄어!
부르르르

휙
호밀맛
쿠키!

휙
휙
얘들아!
괜찮아?

도대체 어떻게
된 거야?
드드드드
크아아
으아악!
딸기크림
뿔꿈틀이잖아!
이 뿔꿈틀이가
용사 쿠키들을
데려간 건가 봐!

내가
상대해 주마!
받아랏!
촤악
기다려!

누구냐!
앗!
넌…?

그 딸기크림
뿔꿈틀이는
내 친구야!
공격하지
말아 줘.
뿔꿈틀이가
네 친구라고?

난 당근맛 쿠키라고 해. 그리고 내 친구는 평소에 아주 순하다고.

누가 봐도 당근맛 쿠키가 이름일 것 같아.
저렇게 큰 당근을 두 개나 달고 있다니! 안 무거워?
…당근 아니고 내 머리카락이야.
아까부터 우리를 쫓아온 게 너였구나?
그래.
도대체 왜?

저 딸기크림
뿔꿈틀이를 이용해
용사들을 사라지게
한 거, 너 맞지?
휘파람 소리도
네가 낸 거지?
그 소리를 듣고
뿔꿈틀이가 우리를
놔 준거고?
모두
내가 한 거
맞아.

용사들을
왜 해친 거야?
해치지 않았어.
땅속 길을 통해
다시 휴게소로
옮겨 놨을 뿐!

뭐?
대체 왜
그런 거야?

그건…,
공주를 납치한
드래곤이….
내 친구이기
때문이야.

드래곤도
네 친구라고?
그럼 우리는 왜
휴게소에 보내지 않고
풀어 준 거야?

너희들은
다른 쿠키들과는
달라 보였어.
특히…,

너! 너는 정말
이상한 쿠키야.
나?
용감한
쿠키가?

반짝
반짝
저 나무
보이지?
응!

너희들은
저 나무가
어떻게 보여?
그야…,
보석이
주렁주렁 열린
나무로 보이지.
으…, 탐난다.
저 다이아몬드
하나만
있으면~.
난 먹어 봐서
썩은 열매 나무인 걸
아는데도
보석 나무로 보여.
뭐?!
용감한
쿠키라고 했지?
넌 어떻게 보여?
아무리 봐도
죽은 고목에 썩은 열매가
매달려 있는 걸로 밖엔
안 보여.
역시….
저건 '탐욕의 나무'야!
욕심이 있는 쿠키들 눈에는
저 나무가 보석이 잔뜩 달린
황금 나무로 보이지.
그래서
여기까지 온 쿠키들 중엔
저 나무의 보석에 욕심을 내서
서로 싸우다 비참한 최후를
맞는 경우가 많아.

혼자 온 쿠키라면
욕심을 부려 저 썩은 열매를
잔뜩 가지고 가다가 무게를
이기지 못하고 깔리기도 해.
하지만 이 숲을 벗어나는 순간
보석으로 보이던 열매는
본래의 모습으로 돌아가지.

넌 욕심이
없는 거야?
어떻게 너 같은
쿠키가 있지?
그렇지 않아.
내가 왜
욕심이 없겠어?
설마….

기억을 잃으면서
욕심도 잃어버린 거 아냐?
역시 이 궁금증을
해결하기 위해선
생각의 별사탕을
빨리 찾아야겠다.
뭐?

너희들은 상금 때문에
드래곤을 물리치고
공주를 구하러 온 게
아니었구나!
응!
근데 왜?

…그렇다면
용의 심장까지
너희들과 같이 가겠어.
그리고…,
모든 걸
얘기해 줄게.

그러니까
어떻게 된 거냐면….

공주를 잡아간 용도,
샤방샤방 공주맛 쿠키도
모두 내 친구야.
공주님도
네 친구라고?!

샤방샤방 공주맛 쿠키는
이웃 왕국의
번지르르 왕자맛 쿠키와
정략결혼이
예정돼 있었어.
하지만 내 친구는
그런 삶보단
숲속에서 농사를 지으며
동물들과 사는 삶을
꿈꿨지.

그래서
몰래 성을 빠져나와
숲속을 헤매다
내 당근 밭에
오게 되었고,
그렇게 우린
친구가 된 거야.
샤방샤방
공주맛 쿠키는
공주답지 않게
농사에 재능이
많았어.

그리고
샤방샤방 공주맛 쿠키는
내 친구인
착한 뿔꿈틀이들과도
친구가 되었지.

뿔꿈틀이 중
가장 몸집이 작고 허약한
작은 뿔꿈틀이가 특히나
샤방샤방 공주맛 쿠키를
많이 따랐어.

하지만 결국 공주가
결혼을 하러 떠나야 하는
날이 다가왔고…,
그 전날 밤 내게 찾아와
울면서 말했어.
으흑! 당근맛 쿠키!
나 정말
결혼하기 싫어!
여기서 계속 살면
안 될까?

하지만
곧 체념하고 말았지.
나도 못 가게 하고
싶었지만…,
미안해. 괜히
곤란하게
해서.
내가 무슨 힘으로
공주와 왕자의
결혼을 막겠어.

하지만
작은 뿔꿈틀이는
그런 나에게
엄청 화를 냈어.
너무해! 샤방샤방
공주맛 쿠키도
여기서 우리와
살면 되잖아!
이건 그렇게
간단한 일이 아니야!
성주님들의 약속이고,
샤방샤방 공주맛 쿠키가
결정한 일이라고.

말도 안 돼!
내가 어떻게든
샤방샤방 공주맛
쿠키를 구할 거야!
말리지 마!
꼬마야!
잠깐만!
그렇게
작은 뿔꿈틀이는
어디론가
떠나갔고….
휭

다음 날, 거대한 드래곤이
샤방샤방 공주맛 쿠키를
납치했다는 소리가 들려왔어.
그런데 아무리 생각해도
그 드래곤이 작은
뿔꿈틀이인 것 같아.
그게
정말이야?

뿔꿈틀이가
말을 한다고?
어떻게
그런 일이!
비틀

내 친구
뽈꿈틀이들은
다 말을 해.
내가 어릴 때부터
말하는 법을
가르쳤거든.
우와!
굉장하다!
너 농부보다
선생님을 해야
하는 거 아니야?

샤방샤방
공주맛 쿠키가
납치된 것보다
뽈꿈틀이가 말하는 게
더 신기한 것 같다?
사실 좀
그래.

아!
다 왔다.
벌써?

저기 보이는 곳이
용의 심장이야.
헉!
저, 저건…!

!
구긍

5화 썩지 않는 용기

드르릉
쿨쿨
저게 공주님을 납치한 용이야? 아니, 용으로 변장한 꿈틀이인가…?
생각보다 더 거대하다. 진짜 용 같아.
날개도 있어!
역시 작은 뿔꿈틀이가 맞아! 저렇게 변했어도 난 알아볼 수 있어!
저 가운데에 있는 나무가 생각의 나무인가 봐!
잠깐! 샤방샤방 공주맛 쿠키 님은 어딨지?
설마…!

저 용꿈틀이가
잡아먹은 건
아니겠지?
허억!
아니야!
그럴 리가
없어!

작은 뿔꿈틀이가
샤방샤방 공주맛 쿠키를
얼마나 좋아했는데!
여기로 데려온 것도
억지로 결혼하는
친구를 구하기 위해서
그런 걸 거야.
저렇게 커지다가
실수로 샤방샤방
공주맛 쿠키를
깔아뭉갠 거 아냐?
후다닥
가서
살펴보자!
앗!
커스터드
3세맛 쿠키!

미끌
엇!
깨지 않게 조심해서 살펴봐!
다다다
걱정 마!
콰당
아이고!
야! 너는 결정적일 때 넘어져서 소란 피우는 게 특기냐?
으아아! 이, 이러다 깨겠어!
걱정 마! 저렇게 큰데 이 작은 소음으로 깨겠어?

스윽
…깨어났다.
!
부르르
쿠키 녀석들이
감히 나의 잠을
방해하다니…!
부르르
으아악!

흠칫!
작은
뾜꿈틀이야!
나야,
당근맛 쿠키!
너 우리 집에 살던
그 꼬마 맞지?
너 왜 이래!
정신 차려!
무슨 일이
있었던 거야?
꼬마….
꼬….

내가 왜 꼬마야!
이렇게
거대한 내 몸이
안 보이냐!
난
용이라고~!
화르르르
다들 피해!
불을 뿜는다!
너무
뜨거워!
촤
학

파
아
아
바, 방패로 용꿈틀이의
불꽃 공격을 막아 냈어!
누구지?

오래 막아 내지는
못해요! 빨리
숲으로 도망가요!
어서!
네, 넵!
용사님이
오셨나 봐!
우린 일단
피하자!
알았어!
탁

화르르

믿을 수가 없어! 저렇게 거대한 몸으로 불을 뿜는 뾸꿈틀이가 있다니!
정말 죽을 뻔 했잖아.

잠깐! 우리를 구해 준 용사님은 괜찮을까?
맞아! 나무로 만든 방패라 불에 금방 탈 것 같은데. 다시 가 봐야 하지 않을까?

난 괜찮습니다!
와!
무사하셨…!
척
다, 당신은!

당근맛 쿠키!
와 주었군요!

오! 용사님과
당근맛 쿠키가
아는 사이
인가 봐!
우와~!
역시…!

샤방샤방 공주맛 쿠키님!
무사하셨군요!
당근맛 쿠키라면
작은 뿔꿈틀이를
찾아올 줄
알았어요!
뭐라고?!
이, 이 용사님이
공주님이라고?
응! 샤방샤방
공주맛 쿠키
님이야!
용사보다
더 강한 쿠키 같은데
고, 공주?
공주는 강하면
안 되나요?
그런데 용사…,
아니, 샤방샤방
공주맛 쿠키 님!
저 용꿈틀이가 정말
작은 뿔꿈틀이가
변한 건가요?
용꿈틀이가
샤방샤방 공주맛
쿠키님을 납치했다고
들었는데….
아!

난 납치당한 게
아니에요. 스스로
작은 뾸꿈틀이와 함께
이곳으로 온 겁니다!
네에?!
역시
그랬었군요….

그러니까
결혼식
전날 밤에….
퍽
퍽
퍽
아. 결혼이라니…,
너무 싫어.
왜 난 이렇게 연약한
공주로 태어나서
하기 싫은 정략결혼을
해야 하는 거야.
공주의 취미 '복싱'

난 그저 조용히
자연 속에서 동물들과
함께 농사짓고
사는 게 꿈인데,
빠
박
결혼하면
성안에 갇혀
살아야 하잖아!
우지끈
공주의 특기
'송판 격파'
최고 기록 30장

나 왔어!
샤방샤방 공주맛 쿠키!
이 목소리는?!

설마…!
작은 뿔꿈틀이, 너니?
홱
짝

!
맞아! 나 작은 뿔꿈틀이야!

나 덩치도 커지고 힘도 세졌어! 내가 너를 구해 줄게!
아니, 도대체 어떻게 된 거야! 무슨 일이 있었던 건데!

샤방샤방
공주맛 쿠키를
구하고 싶었지만
난 너무 작고
힘없는 뿔꿈틀이잖아.
그런 내가 너무 싫어서
정처 없이 숲속을
떠돌아다녔어.
어흐흑! 난 왜
이렇게 약하게
태어났을까.
꿈틀
꿈틀
그러다
'용의 심장' 너머까지
가게 됐는데….

그곳에서 커다랗고
시커먼 구멍을 발견했어!
근데 왠지 모르게 그 안으로
들어가고 싶은 거야.
누군가 나를 부르는 소리가
들리는 것 같았거든.
고오오오오
누구
있어요?

그래서
안에 들어갔더니
절벽에 튀어나와 있는
무서운 괴물 석상의 입에서
검은 젤리가 흘러나오고
있지 뭐야?

기분 나쁘고 무서워서
빠져나오려는데
검은 젤리가 내 몸에
튀고 말았어.
으악!

콰아아
서둘러서
그곳을 빠져나왔지만
갑자기 온몸이
간질거리더니….
내 몸이
거대해지면서
날개가 돋아났어!

내 꼬리에 묻은
검은 젤리
좀 봐!
이게 날
강하게
만들어 줬어!
작은
뾜꿈틀이야!
이거 위험해
보여!
슥

괴물 석상에서 나오는
검은 젤리라니!
위험한 물질일지도 몰라.
아무래도 그곳에
다시 가 봐야겠어!
뭐?
지금?

우리 영지에서
멀지 않은 곳에
그런 곳이 있으면
백성들이 위험해질지도
모르잖아! 일단 가서
입구라도 막아 놓자!
작은 뾜꿈틀이!
거기까지
날아갈 수 있어?
응. 그거야
가능하지만….

휘잉
드래곤이
샤방샤방 공주
맛 쿠키 님을
납치해간다!
뒤쫓아라!

그렇게 용의 심장
위를 날아가던 중,
작은 뿔꿈틀이가
이상해지기 시작했어요.
갑자기 몸을
심하게 떨더니….

크으으….
위대한 분의
명령….
쿠쿠쿠쿠
작은
뿔꿈틀이!
왜 그래!
모든 쿠키를
해치워라….

세상의 멸망이
다가온다!
으아앗!
진정해!
케이크몬스터
군단을 이끌고
모든 것을
파괴하기 위해
그분이…
오신다…!
화르르르

정신
차려!
빠각
쿠웅

그렇게 추락한 후에
저 나무를 떠나지 않고
저렇게 자고 있어요.
와…,
한 주먹에…!

어떻게든
작은 뾜꿈틀이의
정신을 되돌리려고
이곳에서 방법을
찾고 있어요.
잠을 잘
오두막도
짓고,
나무를 이용해
불을 피우고
무기도 만들면서요.
생활력 강한
공주님이시네.

제 생각엔
작은 뾜꿈틀이를 변하게
한 건 몸에 묻어 있는
검은 젤리 같아요.
그걸 떼어 내면 원래의
모습으로 돌아오지
않을까요?
저도 그렇게
생각해요!
흐음….
하지만 아직까지
그걸 떼어 낼 방법을
못 찾았어요.

불을 뿜어대며 누구도 꼬리에 접근하지 못하게 하거든요.
당근맛 쿠키! 여기에도 네 친구들인 뿔꿈틀이들을 부를 수 있어?
삐이익
물론이지!
그렇다면…!
불쑥
아이코, 깜짝이야!
뿔꿈틀이 친구들을 이용해서 용꿈틀이 몰래 꼬리가 있는 쪽으로 접근하는 건 어때?
좋은 생각이야!

좋아! 그럼
나와 당근맛 쿠키는
뿔꿈틀이들이 땅속에
을 만들면 그곳을 통해
꿈틀이한테 몰래 가서
은 젤리를 없애 볼게!
그래! 그럼 우리는
그동안 용꿈틀이의
관심을 끌어서
눈치채지 못하게
해야겠다.
가능할까?
불꽃에 다
타 버리면
어떡해!
파바
바바

제가 만들어 놓은
방패를 쓰면
어느 정도 시간을
끌 수 있어요.
자,
받으세요!
윽! 생각보다
무겁네요.

뱀파이어맛
쿠키!
너도….
그걸 들라고~?
일단 줘 봐.
….

아니야.
그냥 있어,
너는.
고마워….

그리하여
용감한 쿠키와
당근맛 쿠키는
땅속을 통해
용꿈틀이의
꼬리가 있는 곳으로,
투
투
투

우워어
나머지 쿠키들은
용꿈틀이 주변에서
감시를
시작했습니다.

흠….

용감한 쿠키! 네가 생각의 별사탕을 먹고 기억을 찾을 거라고 했잖아.
맞아!

만약 기억을 찾았는데
네가 아주 나쁜 쿠키였거나
큰 잘못을 저지른 쿠키였다면
어떻게 할 거야?

음….
그런 생각은
안 해 봤는데.
하지만 정말
그럴 수도
있겠네.

만약 과거의 내가 잘못을
했다면 외면하지 말고 책임지고
바로잡아야 한다고 생각해.
피해를 입은 쿠키들이 있다면
용서받기 위해 노력해야지.
예전에 한 일이라고
핑계대고 도망치지는
않을 거야.

역시 대단해!
넌 진짜 그렇게
할 수 있을 거야.
탐욕의 나무의
진짜 모습을 본
첫 번째 쿠키답네.
하하…. 일단
기억을 찾으면
다시 얘기하자.

나왔다!
콰아
샤
샤
샤
저기 봐!
저게 검은
젤리인가 봐!
점점 더
면적이
넓어지고 있어!
어떻게
떼어 내지?
다다다
내 쇠스랑으로
긁어내 볼게!

같이 하자!
조심조심~.
용꿈틀이
몸에는
닿지 않게….

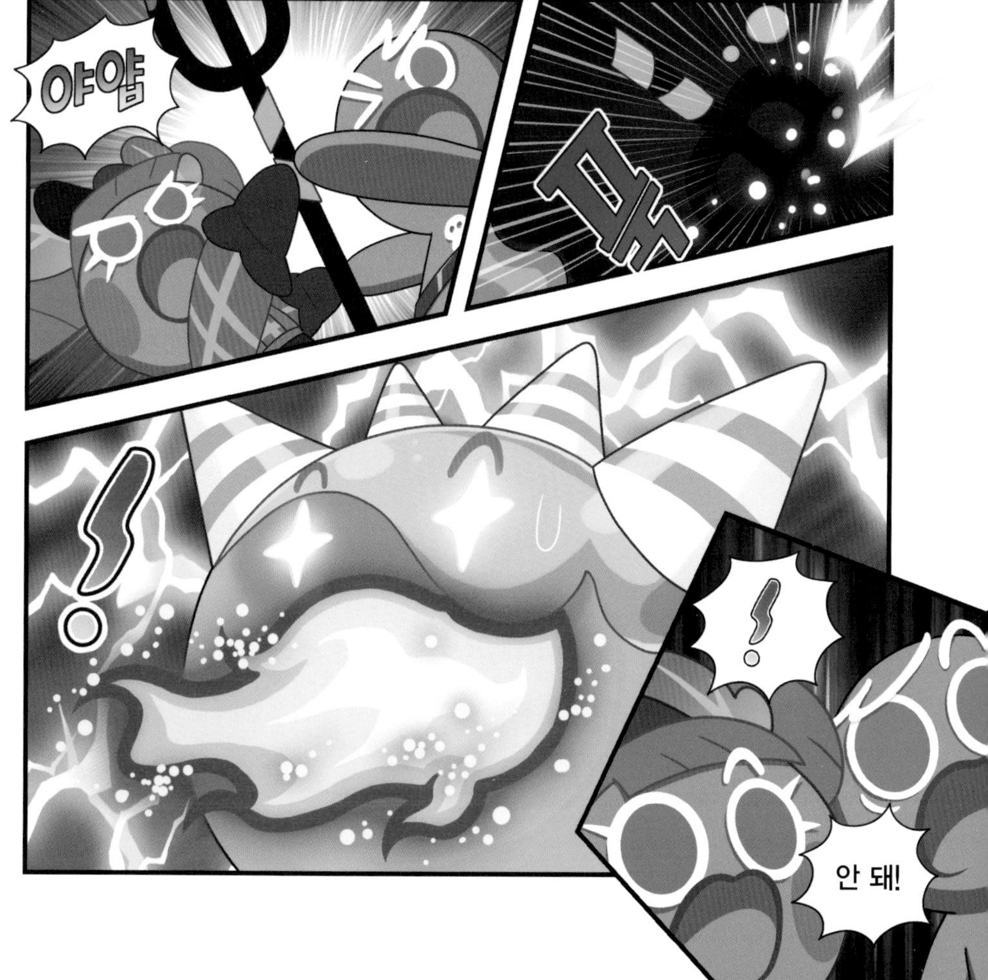
야얍
!
!
안 돼!

아!
따가워!
쿠
아
아
으악!

휘익
감히
드래곤의 꼬리에
무슨 짓이냐!
용감한 쿠키!
당근맛 쿠키!
실패했나 봐!
검은 젤리가
더 퍼지고 있어!

으아악!
확
털썩
당근맛 쿠키! 위험해!
당근맛 쿠키, 괜찮아?
으응. 난 괜찮아!
바닥이 푹신해서 살았어!

용감한 쿠키는 계속 버티고 있어!
이런! 불을 계속 뿜어대서 가까이 가서 도와줄 수가 없어요!

이 쿠키 녀석!
바삭바삭 구워
가루로
만들어 주마!
콰아
으아악!
화르르르
철퍼덕
크윽!
!
스스스

요, 용감한
쿠키!
검은 젤리가
몸을 뒤덮고
있어!

스스스
아, 안돼!
으으윽….
스스스
검은 젤리로 뒤덮인 용감한 쿠키에겐 무슨 일이?!

아래의 설명을 읽고, 가을 운동회의 〈설탕노움보다 빨리 달리기 종목〉에 참가할 쿠키를 알아 보세요.

논리력

용감한 쿠키와 친구들은 가을맞이 운동회를 하기로 했습니다. 먼저 자신이 참가하고 싶은 종목에 이름을 쓰고 하고 싶은 종목이 없을 경우 적지 않기로 했습니다. 다음날, 이장맛 쿠키는 두 종목에 이름을 적지 않은 쿠키에게 〈설탕노움보다 빨리 달리기〉에 참가하라고 말했습니다.

가을 운동회 참가자

용감한 쿠키, 딸기맛 쿠키, 비트맛 쿠키, 근육맛 쿠키, 호밀맛 쿠키, 뱀파이어맛 쿠키, 커스터드 3세맛 쿠키, 당근맛 쿠키.

소다 강 건너기

용감한 쿠키, 호밀맛 쿠키, 비트맛 쿠키, 당근맛 쿠키.

젤리 스튜 빨리 먹기

근육맛 쿠키, 용감한 쿠키, 커스터드 3세맛 쿠키, 호밀맛 쿠키.

가을 운동회 참가자

소다 강 건너기

젤리 스튜 빨리 먹기

레벨업 퀴즈 ②

다음 글을 잘 읽고
선택지 중 옳은 것을 고르세요.

문해력

커스터드 3세맛 쿠키와 뱀파이어맛 쿠키가 합류한 용감한 쿠키와 호밀맛 쿠키 일행은 용으로부터 샤방샤방 공주맛 쿠키를 구하려는 용사 일행과 함께 용의 언덕을 지나게 된다. 용의 머리뼈는 쿠키 30명이 한꺼번에 지나가도 여유로웠다. 용사들과 함께 자연 경관을 구경하며 길을 걷던 것도 잠시, 용사들이 하나 둘 사라지면서 일행은 용감한 쿠키 일행을 포함하여 9명 밖에 남지 않게 됐다.

① 용감한 쿠키 일행은 커스터드 3세맛 쿠키, 뱀파이어맛 쿠키를 포함하여 총 3명이다.
② 용사 일행은 샤방샤방 공주맛 쿠키와 함께 용을 물리치려고 한다.
③ 용의 머리뼈는 많은 쿠키들이 한꺼번에 지나가도 될정도로 크지는 않다.
④ 마지막에 남은 용사 일행은 용감한 쿠키 일행을 제외하면 5명이다.

레벨업 퀴즈 ③

①과 ③의 그림을 보고, ②에 들어갈 수 있는 이야기를 자유롭게 써 보세요.

창의력

2

레벨업 퀴즈 ④

바게트 백작맛 쿠키의 전언을 듣고 있는 용사들! A그림과 B그림을 비교하고 다른 곳 7군데를 찾아 보세요.

집중력

A

B

책 속 이벤트

당신도 '이것'만 알면 송곳니쿠키족 물리칠 수 있다?!

우리가 할 수 있을까?

저 먼 대륙의 북쪽에서 왕국을 다스리며 사는 무시무시한 쿠키 종족, 송곳니쿠키족.

송곳니쿠키족은 쿠키들의 시럽을 빨아 먹고 살기 때문에 쿠키들을 공포에 떨게 하지만 그들의 약점은 그리 널리 알려져 있지 않습니다.

하지만 호밀맛 쿠키가 본지와의 인터뷰에서 '낮이 짧고, 밤이 긴 북쪽에서 산다.'는 것을 기억하라며 힌트를 줬습니다.

쿠키들을 송곳니쿠키족의 공포에서 벗어나게 해줄 그들의 최대 약점은 무엇일까요?

정답을 맞히면 푸짐한 선물 있다고 전해져….

정답을 맞춰 **[용감한 킹덤일보]**에 제보해 준 독자 **16명**을 뽑아 선물을 드립니다.

▲ 쿠키런 킹덤 3000크리스탈 쿠폰(10명)

▲쿠키런 킹덤 문구 세트(6명)

◆참여 방법 ① 카카오톡 채널에서 '서울문화사 어린이책' 채널 추가한다.
② 이벤트 기간 동안 [용감한 킹덤일보 3호] 게시글을 읽는다.
③ [용감한 킹덤일보 3호] 링크를 누르고 질문에 답한다.

◆이벤트 기간 2021년 10월 27일 ~ 11월 26일까지

◆당첨자 발표 2021년 12월 2일
(서울문화사 어린이책 공식 카카오톡 채널에서 게시글 공지)

※실제 상품은 이미지와 다를 수 있습니다.

킹덤 일보가 만난 동물

당근 밭의 숨겨진 실체!
"4대 보험이 적용되는 최고의 직장"?!

최근 몬스터 노동계 일각에서 '당모 쿠키의 당근 밭에서 일하는 뿔꿈틀이들의 노동력이 억울하게 착취당하는 것 아니냐'는 목소리가 나오는 가운데, 놀랍게도 논란의 주인공인 당모 쿠키가 아닌 뿔모 씨가 목소리를 높이고 있어 화제가 되고 있습니다.

익명의 인터뷰를 요청한 뿔모 씨는 당모 쿠키의 당근 밭은 4대 보험과 훌륭한 식사가 제공되는 최고의 직장이라며 노동력 착취 논란을 일축했습니다. 말을 배운 것도 당근 밭에서 일하면서 얻은 또 하나의 장점이라며 유창한 말로 역설한 뒤, 추가 수당을 위해 서둘러 당근 밭으로 떠났다는 후문입니다.

익명의 인터뷰를 요청한 뿔모 씨. 인터뷰를 마친 뒤, 당근 밭을 향해 서둘러 떠났다.

레벨업 퀴즈 정답

퀴즈 ①

딸기맛 쿠키, 뱀파이어맛 쿠키

퀴즈 ②

④. 용감한 쿠키 일행은 호밀맛 쿠키, 커스터드 3세맛 쿠키, 뱀파이어맛 쿠키까지 총 4명이고 마지막에 남은 전체 인원은 9명이므로 용사 일행의 수는 5명이다.

퀴즈 ④

초판 1쇄 발행 2021년 10월 21일
초판 4쇄 발행 2023년 6월 1일

글 김강현
그림 김기수
발행인 심정섭
편집인 안예남
편집팀장 이주희
편집 양선희, 김정현, 김진영, 송유진
제작 정승헌
브랜드마케팅 김지선
출판마케팅 홍성현, 경주현
디자인 디자인 레브

발행처 ㈜서울문화사
등록일 1988년 2월 16일
등록번호 제2-484
주소 서울시 용산구 새창로 221-19
전화 02-799-9308(편집) | 02-791-0752(출판마케팅)

ISBN 979-11-6438-834-9
ISBN 979-11-6438-804-2 (세트)

쿠키런 COOKIERUN 서바이벌 대작전 38

모험을 통해 배우
안전 상식 만화

히어로맛 쿠키와 크루아상맛 쿠키에게 시간을 바로잡을 마지막 기회가 주어진다!
한편, 수상한 쿠키를 쫓아 바다에 뛰어든 용감한 쿠키와 탐험가맛 쿠키.
두 쿠키 앞에 느닷없이 거대한 배 한 척이 나타나는데….

앞으로 용감한 쿠키와 친구들에게 어떤 일이 벌어질까?

문의전화 : 02)791-0753 (주)서

최강 유튜버 잠뜰 * 각별 * 공룡 * 수현 * 라더 * 덕개가 뭉쳤다!

픽셀리 초능력 히어로즈 5

잃어버린 기억을 찾기로 한 과 를 따라 과거에 모두 함께 지냈던 곳, 경주로 향한다.
그들은 천마총과 동궁과 월지를 지나 첨성대 앞에 서게 되고,
먼 옛날 신라에서의 기억을 조금씩 떠올리게 된다.
그러나 그때, 픽셀 캥거루와 픽셀 티라노가 나타나
이를 방해하고, 네모냥마저 납치해 간다.
네모냥을 찾기 위해 경주 곳곳을 탐색하던 잠뜰과 친구들은
예상치 못한 상황을 맞이하고,
미처 기억해 내지 못했던 과거의 일을 알게 되는데…!
과연, 잠뜰과 친구들을 기다리는 진실은 무엇이었을까?!

값 12,000원

SUGAR OCEAN
WHOLEGRAINIA
CAKE OF TRUTH
BLOODY JAM MOUNTAINS
SILENT OCEAN
SECRET FIG FOREST
COCONUT FOREST
GREENSALAD JUNGLE
SODA OCEAN
CANDYSTICK ARCHIPELAGO
JELLY SWAMP